GABRIEL HANOTAUX
(DE L'ACADÉMIE FRANÇAISE)

BIBLIOPHILES

ILLUSTRATIONS EN COULEURS
DE
GUSTAVE-ADOLPHE MOSSA

PARIS
LIBRAIRIE DES AMATEURS
A. FERROUD. — F. FERROUD, SUCCESSEUR
127, BOULEVARD SAINT-GERMAIN, 127
1924

JUSTIFICATION DU TIRAGE

N°s 1 à 50. - Exemplaires sur Japon, contenant 3 états dont 1 état en noir.

51 à 400. - Exemplaires sur vélin blanc d'Arches, 1 état.

Plus 20 exemplaires sur Hollande, 3 états dont 1 état en noir.

N° 34

F. F

BIBLIOPHILES

GABRIEL HANOTAUX

(DE L'ACADÉMIE FRANÇAISE)

BIBLIOPHILES

ILLUSTRATIONS EN COULEURS

DE

GUSTAVE-ADOLPHE MOSSA

PARIS

LIBRAIRIE DES AMATEURS

A. FERROUD. -- F. FERROUD, SUCCESSEUR

127, BOULEVARD SAINT-GERMAIN, 127

1924

A la mémoire
de mes trois amis bibliophiles :

José-Maria de Heredia,
le Comte de Spoelberch de Lovenjoul,
Georges Vicaire.

En souvenir des bonnes heures
passées ensemble, emmi les livres,
et en gratitude de la gaie science
qui m'a été transmise
par leur savoir et leur affection.

30 Septembre 1924.

La perpétuelle destruction de la pensée des hommes est une des grandes misères de l'humanité. Mal pire que la mort ; car les corps, par la loi de la génération, se reproduisent ; mais la pensée, étant éminemment individuelle et irréversible, n'a pas d'héritier naturel ; son germe, jeté au vent, se perd et, s'il n'était pas recueilli par des moyens artificiels, l'acquis et l'expérience des siècles seraient éternellement à reconstituer : *verba volant.*

Parfois, on dirait que nous entendons en nous quelque écho de ce qui a été pensé et découvert jadis par nos pères; c'est comme un souffle qui vient d'eux; mais il reste indistinct et inexprimé. Et la connaissance humaine, par l'insuffisance de ses moyens, est obligée de se remettre sans cesse à une tâche peut-être accomplie, sans cesse oubliée. Quand un scrutateur du passé comme Duhem restaure quelques chaînons des sciences mortes, les richesses qu'il exhume étonnent par leur originalité et leur splendeur. Que serait-ce si la chaîne se fût prolongée ininterrompue jusqu'à nous?

L'homme voudrait tant se remémorer! Les monuments, les signes, les vers, les inscriptions, les écrits, les livres, l'enseignement, l'histoire ne sont que des procédés mnémotechniques qu'il s'épuise à multiplier pour parer à la perte irréparable. L'art lui-même n'est qu'une mémoire, la mémoire du corps social s'appliquant à se survivre et à se revivre, si j'ose dire. Or, la plus puissante de ces mnémotechnies, c'est une bibliothéque; une collection de livres est une incomparable machine à se souvenir.

Une bibliothèque, gonflée de livres « vieils et nouveaux, » c'est un monde, le monde des défunts et des absents, non pas morts ou lointains, mais vivants, présents, familiers.

J'entre dans une bibliothèque, et, selon l'image dont s'est servi Henri Poincaré, les pensées, pareilles à des mouches collées contre les parois, s'envolent, tourbillonnent et viennent bruire en foule autour de moi. C'est, d'abord, un éblouissement et un étourdissement. Toutes à la fois, elles s'enlèvent, se heurtent, se croisent, passent et repassent insaisissables; elles se posent, s'envolent de nouveau; elles palpitent sous l'or des dorures, vibrent derrière les cuirs fauves, se renfoncent dans les coins obscurs, étincellent dans un rais de lumière. C'est une résurrection issue de l'ombre, une activité née du repos, une caresse hallucinante par sa multiplicité et son frôlement dispersé. Peu à peu, le calme se fait; les yeux s'habituent; ils discernent les beaux rayons dans leur nombreuse ordonnance. La main s'approche; la pensée cherche parmi l'essaim de ses sœurs retrouvées. L'œil a passé sa revue : il choisit. Le livre se laisse enfin saisir; il s'ouvre. Tout se tait et la communion du présent et du passé se fait dans la paix.

Si une maison est, comme il convient, toute pleine de livres, si, du rez-de-chaussée jusqu'au toit, les étages amoncellent des murailles de pensées, s'il n'est pas un salon, pas une salle, pas un couloir, pas un escalier, pas un grenier qui ne soit une bibliothèque, et si chacune de ces bibliothèques fragmentaires garde son caractère propre dans l'unité de l'ensemble, alors c'est une visite incomparable. Tous les arts et tous les siècles sont rangés au passage ; ils vous attendent muets, offrant leurs richesses à fleur de moisson. Ce qu'il y a eu de varié et d'illustre dans le travail humain s'entasse là, engrangé ; la vie se prolonge immensément ; elle remonte aux anciens temps, elle s'apprête aux évolutions prochaines ; elle se nourrit d'hier et fait sa provende pour nourrir demain.

Pas de coin si obscur qui ne donne son fruit et sa leçon. Fermé, le livre parle encore : son titre, son dos orné, sa reliure, son modeste brochage, ses reins cassés, même le tome dépareillé ! tout a un sens. Le fil de nos jours se relie à celui des siècles. Bénissez les minutes et les heures où vous avez choisi ces compagnons de route, ces amis. Vous aimez vos livres; ils vous aiment. Vivant de votre vie, ils sont venus sous votre toit, se sont mis à votre table. Ils vous ont fait ce que vous êtes. Si l'art est une mémoire, une bibliothèque c'est l'architecture suprême : trésor des imaginations, conservatoire des pensées, — émotions *en ordre !*

AIS quel amas formidable est celui des livres! Ceux qui les ont écrits les multipliaient, à force de labeur et de peine, dans une seule pensée : ne pas périr tout entiers, ne pas être oubliés, être là présents, au jugement dernier, — corps et âme. Or, dans cette foule de fantômes survolant, aux ailes de papier, qui survivra, qui mérite de survivre? Quels seront les appelés, dignes de s'asseoir à la droite du Seigneur, et quels les réprouvés, destinés au feu? Les livres rangés dans ces galeries mortuaires ne sont, presque tous, que des cercueils vides. Combien de suppliants dans la vallée de Josaphat! Combien de livres condamnés qui, pourtant, ne veulent pas mourir! Ouvrez un catalogue, une bibliographie, et parcourez ces listes funéraires. Quel nombre de romans, de contes, de pièces de théâtre, de recueils de poésies, de dissertations théologiques, de pamphlets, d'histoires, de résumés, d'épitomés, de manuels, de brochures d'une page, d'encyclopédies en cent tomes, qui ont eu sans doute leur moment d'utilité et de gloire, et qui sont destinés à ne plus jamais s'ouvrir !

En revanche, que de livres excellents ont péri ! La plupart des belles « éditions originales, » même celles qui ont été publiées hier, — les « romantiques, » — sont « introuvables. » *Le Cid, le Misanthrope* ne se rencontrent pas. La « première » des *Pensées* de Pascal n'existe qu'à un seul exemplaire.

Qui décidera du sort des livres ? Qui éliminera les uns et qui sauvera les autres ? Qui fera le premier choix ? Qui dira : voici les élus et voilà les réprouvés ? Or, cette mission est précisément celle du bibliophile : c'est sa fonction propre. Pour cela il est né. Il sera *le juge*.

Mission qui est une vocation. Le Bibliophile est *appelé*, il est *destiné*. On raconte du célèbre bibliophile Barbier, qui fut le bibliothécaire de Napoléon, que cette aptitude se signala en lui dès le collège : « Ancien compagnon d'études de M. Barbier, dit M. L. V. Raoul, j'ai vu naître en lui ce goût pour les recherches bibliographiques qui, depuis, ne l'a pas quitté, et je me rappelle encore le temps où, tous les soirs, il rentrait au collège avec ce que nous appelions un *bouquin*... » « — Il courait les boutiques de bouquinistes et de libraires, dit un autre de ses camarades, les bibliothèques publiques et même particulières, les ventes de livres, pour y faire quelques découvertes, soit dans les ouvrages rares, soit dans les conversations des amateurs qu'il rencontrait... Quelques-uns de ses condisciples désiraient-ils un ouvrage, c'est à lui qu'ils s'adressaient avec confiance, et il se faisait un plaisir de le leur déterrer. Cette complaisance, il l'avait même pour quelques misérables revendeurs de bouquins à échoppe ou à paniers, qu'il initiait dans le secret de leur métier et qui, profitant de ses leçons, acquirent des connaissances en librairie, étendirent peu à peu leur petit commerce, et furent tout étonnés de se trouver plus tard libraires en boutique. Ses relations ne se bornaient pas à ses protégés, il les avait étendues avec les meilleures libraires de la capitale qui ne rougissaient pas de le consulter fort souvent. C'est ainsi qu'il préludait aux recherches savantes dont il a depuis enrichi la bibliographie. »

On voit poindre ici, dès la jeunesse et presque dès l'enfance, cette ardeur inquiète, mais aussi cette bonhomie, cette camaraderie qui rapproche et unit le monde entier des amis des livres, qui leur donne une vie commune, un langage commun, les mêmes tics, les mêmes sourcils méfiants et studieux. Le génie du bibliophile est un génie passionné qui prend l'homme tout entier.

Voyer d'Argenson, marquis de Paulmy, était fils, neveu et frère de ministre ; appartenant à l'une des familles les plus influentes de l'État, lui-même, homme de haut mérite, conseiller d'État à vingt ans, commissaire général des guerres, secrétaire général du département de la guerre, ministre d'État, ambassadeur en Pologne et à Venise, il quitta tout, en pleine force de l'âge, pour se consacrer à sa bibliothèque. Elle comptait à sa mort plus de 100.000 volumes, la plus nombreuse peut-être de toutes celles qui furent dressées par un particulier. Il ne la constitua pas seulement : il la choisit. Il connaissait ses livres un à un ; il a publié de nombreux ouvrages de bibliographie qui ne sont rien que des catalogues raisonnés de sa collection, les *Mélanges d'une grande Biblio-*

thèque, la *Bibliothèque des Romans*, le tout formant près de cent volumes. Une élite de bibliothécaires, d'hommes de lettres, de libraires, de relieurs travaillait pour lui et faisait autour de lui comme un conseil. Il a amassé pour le public ; car cette réunion unique forme maintenant le fond de la bibliothèque de l'Arsenal.

La passion vous prend aussi, parfois, en coup de foudre. Le vicomte de Spoelberch de Lovenjoul rencontre chez un épicier, chez un boucher du quartier des Champs-Élysées, des papiers d'une écriture fine et surchargée : il s'étonne, il achète, il étudie ; et c'est le point de départ de cette incomparable collection balzacienne que l'érudit gentilhomme a léguée à l'Institut de France et qui s'est complétée peu à peu par ces trésors inédits indispensables pour connaître l'histoire littéraire de la France au XIXe siècle.

Celui-ci paraît avoir été saisi surtout par

l'ardeur de la recherche, de la chasse : « Il n'a jamais eu de plus grande joie dans la vie que d'aller au petit bonheur, conduit par son flair de bibliophile, partout où des choses rares ou des papiers inédits se trouvaient; et, presque toujours, il revenait avec un butin qui le faisait tressaillir de contentement. Oui, quand il met la main sur des pièces d'une grande valeur bibliographique, il a comme un frisson d'allégresse qui lui traverse tout le corps. Il les « serre dans ses bras, dit-il, avec toutes les ardeurs de la possession; » il est aussi ravi de les avoir conquises » que si, le premier, il avait pénétré dans une de ces royales sépultures de la vallée du Nil, dont Théophile Gautier, dans le *Roman de la Momie,* raconte avec tant de feu la recherche passionnée. » « Au reste, ajoute-t-il, les amateurs de documents inédits et les explorateurs d'hypogées sont poussés par le même mobile : la curiosité de l'inconnu. Les émotions de leurs fouilles et de leurs découvertes ont beaucoup d'analogie. »

Cet instinct, ce génie du bibliophile est fait sans doute d'attention minutieuse, mais aussi d'activité ingénieuse. Pour être un bon bibliophile, les besicles ne suffisent pas : il faut des jambes. L'amateur de livres est un animal trotteur. Tard et matin, il est en course. Dès l'aube, le voilà sur pied. Car personne ne doit arriver avant lui là où il présume que se trouve la « bonne pièce. » Il y a songé toute la nuit, et son réveil fut matinal sous l'aiguillon de la concupiscence : En chasse! Le flair non plus ne suffit pas; il faut la chance, la décision, l'adresse, la persévérance surtout. J'ai suivi une de ces quêtes du vicomte de Lovenjoul qui a duré dix ans; et je vous jure qu'il ne faisait pas sonner son cor : il allait « à pas de laine et de plomb, » selon une expression que le cardinal de

Richelieu applique au diplomate ; car, cette poursuite exige, en plus, beaucoup de diplomatie.

Tout compte fait, la qualité maîtresse du bibliophile, c'est un goût exquis. Il n'est jamais satisfait ; en cette matière du livre, il veut non seulement le fond mais la forme ; et, souvent, à ses yeux, la forme emporte le fond.

Sur ce point, quelques explications ne sont pas inutiles : oui, le bibliophile prend les livres par l'extérieur, je l'avoue, et je l'en loue. Et, pourtant, je ne pense pas plus que La Bruyère qu'une *tannerie* soit une bibliothèque. Mais, il convient que les bons livres soient beaux et il est juste que ceux qui sont rares soient les plus recherchés.

Un auteur a toujours désiré que son livre fût bien imprimé, sur beau papier, et il a mis lui-même, les exemplaires triés sur le volet, et par conséquent rares, en de bonnes mains. Croyez-vous qu'il ait été indifférent, même à Corneille, même à Bossuet, même à Racine que leurs ouvrages fussent assurés de survivre, en vertu, aussi, de leur qualité matérielle ? Les exemplaires offerts par eux ou qui conservent une marque de leur possession sont, naturellement, les plus précieux : les estampes sont avant la lettre ou des premiers tirages. Eh bien ! n'est-ce pas ceux-là qu'il faut avoir, précisément parce qu'ils nous apportent comme un parfum de la main qui les toucha ? Ceux qui ont appartenu aux grands personnages, aux bibliophiles illustres, aux gentes dames bibliophiles, gardent aussi quelque chose de cette saveur délicieuse :

. . . .

Marguerite, Marie, ou peut-être Diane,
De leurs doigts amoureux l'ont jadis caressé,

Et ce vélin pâli que dora Clovis Ève
Évoque, je ne sais par quel charme passé,
L'âme de leur parfum et l'ombre de leur rêve.

Une bibliothèque se doit à elle-même d'être un luxe. Pour exercer sa fonction de juge, le bibliophile, comme tous les juges du monde, doit observer la forme : car la beauté de l'exemplaire révèle une tradition de choix, remontant, soit jusqu'à l'auteur lui-même, soit jusqu'à son temps, et descendant de là, à travers les âges, de mains en mains, grâce aux hommes qui ont aimé ce livre et l'ont soigneusement conservé.

Si François Ier a possédé un exemplaire des *Sonnets* de Pétrarque, s'il l'a fait relier, sans doute en Italie, puisque la fleur de lys frappée sur le plat est la fleur de lys de Florence, si, sur cet exemplaire, on trouve six vers du Roi célébrant Laure et Pétrarque, l'*aymant* et l'*aymée*, si ce livre, porté d'âge en âge par le goût et l'attention des bibliophiles, est arrivé jusqu'à nous, n'est-il pas vrai que la gloire de Pétrarque s'auréole de cette illustre possession et que si mes yeux s'attardent sur les Sonnets où le regard et la pensée du roi François se sont arrêtés, l'émotion qu'il a ressentie me transporte et fait de moi, pour un instant, le contemporain de la Renaissance ?

ous nos souverains, la plupart de nos grands hommes d'État aimèrent les beaux livres : c'est un goût qu'eut toujours le génie français, amoureux de l'exquis. Au moyen âge, les collections de manuscrits de Charles V le Sage, du Duc de Berry, du Duc de Bourgogne et des autres membres de la famille royale réunirent des œuvres qui peuvent compter parmi les plus belles faites de la main des hommes. Les livres choisis pour François Ier, pour Henri II, pour Catherine de Médicis, pour Charles IX, pour Henri III, pour Marguerite de Valois, sont la fleur de la bibliographie de tous les âges. Il faudrait énumérer tous nos princes, — sauf une réserve peut-être pour Henri IV, trop souvent à cheval pour s'enfermer dans une étude. De Louis XIII à Louis XVI, la lignée est ininterrompue. Et, près des noms des princes,

se rangent ceux de nos grands ministres : Richelieu, Mazarin, Le Tellier, Colbert, Torcy, d'Argenson, Turgot; puis les noms de ces femmes célèbres, Marguerite de Valois, la comtesse de Verrue, « la dame de Beauté, » Mme de Pompadour, les trois filles de Louis XV, les « Mesdames, » la duchesse de Provence. La liste ne s'arrête guère qu'avec l'ancien Régime. Encore convient-il de nommer l'Impératrice Joséphine, la Duchesse de Berry; Louis Philippe fit relier ses livres au simple chiffre démocratique L. P.; enfin, le Duc d'Aumale couronne la série des bibliophiles princiers en fondant Chantilly.

Le plus illustre des bibliophiles fut Napoléon. Un de ses camarades de Brienne écrit : il avait un goût si prononcé pour les livres « qu'il eût été le plus propre à être notre bibliothécaire. » Bonaparte aurait donc manqué sa carrière. Il n'en aima pas moins toute sa vie la lecture. « Il se faisait apporter, chaque semaine, ordinairement pendant et après le repas, quelquefois même dans la nuit, les meilleurs ouvrages qui paraissaient ou ceux que leurs auteurs avaient envoyés pour être présentés. Il dévorait tout et voulait juger par lui-même. »

En cette matière aussi, il se montra original, volontaire, impérieux : il avait conçu un plan de bibliothèque adapté, si j'ose dire, à son genre de vie. De Bayonne, il donne, le 17 juillet 1808, l'ordre suivant : « L'Empereur désire se former une bibliothèque portative, d'un millier de volumes petit in-12, imprimés en beaux caractères. L'intention de sa Majesté est de faire imprimer ces ouvrages pour son usage particulier, *sans marges pour ne pas perdre de place*. Les volumes seraient de 5 à 600 pages, reliés à dos brisé et détaché, et avec la couverture la plus mince possible. Cette bibliothèque serait composée d'à peu près 40 volumes de religion — 40 des épiques — 40 de théâtre, 60 de poésie — 100 de romans — 60 d'histoire. » Le grand capitaine recrutait et habillait sa bibliothèque comme un régiment.

En 1809, revenant sur cet ordre, il le modifiait en ces termes : « L'Empereur sent tous les jours le besoin d'avoir une bibliothèque de voyage, composée d'ouvrages d'histoire. Sa Majesté désirerait porter le nombre des volumes de cette bibliothèque à trois mille, tous du format in-18, ayant de 4 à 500 pages et imprimés en beaux caractères de Didot, sur papier vélin mince... Les trois mille volumes seraient placés dans trente caisses, ayant trois rangs, chaque rang comptant trente-trois volumes, etc... » Le projet ne fut jamais mis à exécution : mais nous possédons une histoire des bibliothèques portatives de Napoléon établissant que, partout, même en campagne, même au cours de la campagne de Russie, il se faisait accompagner de ses livres, « à l'ordonnance. »

Le bibliophile est rarement un nomade et un conquérant. En général, il réside; loin de voyager avec lui, ses livres le rendent sédentaire. Il y a des familles, des descendances de bibliophiles, naissant et mourant dans la même maison et qui se transmettent héréditairement les collections et le goût. La plus célèbre est celle des de Thou : le nombre des volumes, admirablement choisis et ornés, qui ont passé par leurs mains est prodigieux. Maroquins du Levant, veaux ornés, veaux et maroquins mosaïqués, vélins dorés, tous les types de la reliure éclatante et solide aux armes des de Thou se retrouvent encore surabondamment dans les belles collections après trois siècles de dispersion, de ravages et de destruction, et maintiennent ainsi, en dépit du sort contraire, la gloire de cette illustre famille bibliographique. S'il vous passe entre les mains un des rares volumes reliés aux trois abeilles des de Thou, mais *sans écusson accolé*, soyez attentif, celui-là a probablement appartenu à l'ami de Cinq-Mars, à celui que Richelieu, pour d'autres motifs que pour une concurrence livresque, a fait monter sur l'échafaud.

Chaque bibliophile a sa mission propre. Il la choisit ou plutôt elle le choisit, et c'est cela sa vocation.

L'un des plus grands, parmi les bibliophiles du XVIIIe siècle, fut le duc de La Vallière, arrière-neveu de la célèbre maîtresse de Louis XIV. Je ne sais s'il fut le plus heureux des maris, mais il fut le plus heureux des hommes : car rien ne le détourna, sa vie entière, du goût qu'il eut dès l'enfance pour les beaux livres. S'enfermant dans sa tour d'ivoire, il ne voulut rien savoir du reste du monde. Il tapissa sa maison de livres incomparables. Son utilité propre fut la conservation des admirables manuscrits à miniatures, et des premiers

incunables, que son temps considérait comme *gothiques* et livrait trop souvent aux hécatombes du mauvais goût ou de l'ignorance. A parcourir la liste des exemplaires qu'il a possédés, l'envie vous étreint le cœur : il n'y aura plus jamais un champ pareil ouvert à la chasse bibliographique ! C'était le temps où l'on pouvait réunir dans un « cabinet », le Missel de Jean de Foix (Mss) avec l'admirable devise : *Tout se change. Tout est changé*, les « Heures latines » de Louis II, duc d'Anjou (Mss), les « Heures latines » du roi René (Mss) avec les miniatures incomparables de l'École de Bourgogne, le « Psautier » de Mathias Corvin avec les quatre emblèmes : une ruche, un puits, une clepsydre et un baril, « ce dernier désignant la fertilité et la bonté des vignes de la Hongrie », une collection incomparable de contes, « romans » et pièces de poésie du moyen âge. Nos médiévistes doivent beaucoup à cet honnête contemporain de Crébillon le fils. Les Colbert, les Loménie, les Godefroy, les Dupuy, les Clérembault, ont conservé à la postérité les monuments les plus précieux de notre histoire. Si Colbert de Torcy n'eût pas été bibliophile, eût-il constitué le dépôt des archives des Affaires étrangères où les traditions de notre politique extérieure sont conservées ? Ce dépôt reçut les *Mémoires du Cardinal de Richelieu* et l'on y plaça, par la suite, les *Mémoires de Saint-Simon* : c'est ainsi que, par la vigilance des bibliophiles, se conservent les chefs-d'œuvre de l'esprit humain.

Si La Rochebilière n'avait pas vécu, les lettres françaises auraient ignoré à peu près tout ce qui concerne l'établissement du texte de nos auteurs classiques. Celui-là ne s'inquiétait pas précisément de la beauté des exemplaires : il vivait au milieu des plus vieux parmi les plus vieux bouquins, mais, rien qu'en les maniant d'une main diurne et nocturne, il savait découvrir la pensée dernière, la touche et le glacis qui parachèvent une pensée de La Rochefoucauld, une scène de Molière, une fable de La Fontaine. C'est lui qui a précisé l'histoire de tous les cartons introduits par La Fontaine dans le texte de ses fables, et il a prouvé ainsi que ce « paresseux, » ce « distrait » était le plus attentif et le plus minutieux des hommes, quand il s'agissait du respect dû à la langue française. C'est La Rochebilière qui a débrouillé l'histoire du texte des *Maximes* de La Rochefoucauld et celle des *neuf* éditions, — pas une de moins, pas une de plus, — qu'il faut « avoir » pour posséder vraiment les *Caractères* de La Bruyère. C'est lui qui a exhumé, dans un exemplaire inconnu du Molière de 1682, cette fameuse « Scène du Pauvre » qui dévoile le plus intime de la pensée philosophique et religieuse du grand comique. « *Je te veux donner un louis d'or* ET JE TE

LE DONNE POUR L'AMOUR DE L'HUMANITÉ !... » Ce sont là des services peut-être !

Notre âge a connu les derniers des grands bibliophiles, ceux qui pouvaient encore atteindre aux livres inaccessibles, aux séries impressionnantes par leur tenue et leur variété. Guyot de Villeneuve, qui a possédé les *Heures du Maréchal de Boucicaut* et qui a trouvé chez un bouquiniste, à Rome, le *Discours sur l'Histoire Universelle* de Bossuet, exemplaire d'hommage au pape Innocent XI, relié aux armes du pontife mais que ce même pape a négligé de faire déposer à la bibliothèque du Vatican, prouvant ainsi, comme l'observe le rédacteur du catalogue, que les papes « ont accueilli sans faveur les hommages du grand Évêque. »

Nous avons assisté aux ventes de Mosbourg, de Lignerolles, du baron Pichon. Le baron Pichon achetait, à la fois, les belles maisons, les beaux meubles, les belles argenteries, les tableaux, les estampes : c'était un collectionneur complet et accompli : les livres n'occupaient qu'un moment de son universelle curiosité. Et pourtant, que de trésors il accumula ! Le *Breviarium fratrum minorum*, précieux manuscrit du XIVe siècle in-folio, sur vélin, orné de miniatures *dont deux contiennent un portrait de saint Louis*, livre ayant appartenu à la reine Bonne de Luxembourg, femme du roi Jean. Il possédait les *Hore in laudem beatissime virginis Marie*, imprimées en 1527 par Simon du Bois pour Geofroy Tory, exemplaire du roi François Ier, assurément un des plus beaux livres qui aient été habillés de la main d'un relieur ; il possédait le manuscrit des *Prières et méditations chrétiennes* composées par Mme la marquise de Rambouillet, écrites sur vélin par M. Jarry, reliées et dorées aux petits fers par Le Gascon : c'est l'exemplaire dont parle Tallemant des Réaux.

Ces énumérations risquent d'ennuyer : car, il n'y a de beaux livres que ceux que l'on possède ou, du moins, ceux que l'on a dans la main. Mais, comment, après avoir rappelé les *états de service* de ces grands conservateurs du patrimoine intellectuel de l'humanité, ne pas indiquer encore la dernière phase de leur effort, le plus récent effet de leur ardeur ?

Si G. Vicaire, ami et collaborateur des Pichon et des Lovenjoul, n'avait pas publié à temps son *Répertoire des Livres du XIX*[e] *siècle*, certainement l'ensemble des publications de l'école romantique eût péri. Déjà les Balzac, les Mérimée, les Hugo, les Gautier, les G. Sand, les Alexandre Dumas, tirés en général à petit nombre et engloutis sous la crasse des cabinets de lecture, étaient dispersés ou détruits. A peine avait-on sauvé quelques beaux exemplaires. On n'a cité qu'un seul exemplaire complet du roman par lequel a débuté Alexandre Dumas fils. (*Aventures de Quatre femmes et d'un perroquet*, 6 volumes, 1845-1847). Les premières éditions de Baudelaire, publiées d'hier, sont déjà rarissimes. On ne sait où vont ces livres, menacés d'ailleurs par leur fragilité même et la médiocre qualité du papier. Mais, sans la prompte vigilance de G. Vicaire, leur ruine eût été sans remède.

Le salut vient donc du bibliophile ; il est dû aussi, et surtout, à la reliure. Dans l'église bibliophilique, la reliure est la manifestation suprême du culte, le sacrifice expiatoire et rituel. Quoi de plus douloureux que le délabrement d'une brochure ! Une vraie misère ! Un bon livre, très bon livre même, contenant de ces choses de l'âme qui vont à l'âme, un de ces livres de chevet, un de ces livres chéris et que ne quitte pas la pensée, le concevez-vous maculé, écorné, flétri par la fréquentation même et l'assiduité du dévot ? On lui doit de le vêtir ;

il convient même que la reliure soit plus que décente, — riche et belle. Les amateurs de jadis n'admettaient pas un seul livre broché sur leurs rayons. Le livre précieux était mis dans ces bonnes et fortes vêtures en maroquin ou en veau qui le serraient et l'enfermaient comme dans une boîte ou dans un sanctuaire. Succédant aux ais couverts de parchemin, le cuir plus maniable, plus souple à la main, mieux disposé pour l'ornement, nous vint des Arabes. Les reliures italiennes quelque temps régnèrent. Il y eut aussi de bonnes et robustes reliures en vélin estampé et en peau de truie, d'origine allemande, suisse ou hollandaise. Mais l'art de la reliure se fixa bientôt en France, et il y est resté.

Nous avons vu récemment, aux « Arts décoratifs, » les ouvrages des grands artistes, les reliures faites pour Grolier, pour Henri III, pour Anne d'Autriche, pour Louis XIV, pour Colbert, pour le comte d'Hoym, pour le baron Pichon et signées de Clovis Ève, de Ruette, de Boyet, de Pasdeloup, de Derôme, de Simier, de Bozerian, de Thouvenin, de Trautz-Bauzonnet, de Chambolle-Duru. Il n'est pas un de ces travaux achevés qui ne méritât de ces caresses, de ces coups de coude, de ces exclamations muettes et circulaires qui enivrent le groupe des bibliophiles consultants, attablés autour du bel exemplaire. Les prix récents atteints dans les ventes indiquent que le goût ne se perd pas. Au contraire, il s'épure. La France compte, en ce moment, une école de reliure incomparable. Je ne prononcerai aucun nom; mais les exemplaires choisis, décorés par nos maîtres, sont disputés dans le monde entier et le seront dans l'avenir, comme de véritables chefs-d'œuvre d'art, de science, de goût et de *métier*. Car c'est le métier qui prime tout. La main qui assembla, qui repéra et qui cousit, celle qui dora, celle qui exécuta l'ornement ou le plus simple ou le plus riche, ou le plus traditionnel ou le plus original, — car les deux écoles peuvent se défendre, — en un mot l'art qui ajoute au prix du livre celui d'une maîtrise qui l'embellit encore et l'exalte, cet ensemble incomparable ne se trouve nulle part ailleurs qu'en France. C'est une gloire nationale, une gloire ajoutée à la gloire des lettres !

En célébrant l'ornement raffiné d'une belle bibliothèque, négligeons-nous la bibliothèque elle-même ? En caressant le beau livre, parce que la reliure est vivante et parce que, selon le mot de Heredia, « il est vêtu de peau, comme une femme, » renonçons-nous à l'ouvrir et à y chercher l'âme ? Le bibliophile, dit-on, ne lit pas. Et qui donc lirait, sinon celui qui possède des livres ? Les douces heures passées dans une belle bibliothèque prennent l'homme tout entier, corps et âme. Décidément, La Bruyère n'y entendait rien (ainsi que le fait soupçonner Bonaventure d'Argonne), quand il incriminait si lourdement nos chères « tanneries. »

E ne serait pas être bibliophile (j'en prends tous les bibliophiles à témoin) si je ne disais un mot de mes livres. J'étalerai donc sans vergogne quelque chose d'une passion qui s'excuse par plus d'un demi-siècle de persévérance. Il existe, sur mes rayons, un IIe tome du Molière de 1682, sur lequel j'ai écrit, en son temps, la date de l'année où je l'ai trouvé dans le grenier de mon grand père : 1870 ! Je savais donc dès lors ce qu'était le « Molière de 1682. » Or, j'étais encore au collège ; et il y a de cela cinquante-trois ans ! Depuis, j'ai subi les années et la bise ; mais le goût ne m'a jamais quitté. Sur les quais, arpentés d'amont en aval et d'aval en amont, durant des années, j'ai trouvé tant de choses, tant de livres, tant d'idées! Et j'ai tant aimé cette bibliothèque en plein air, sous le ciel, ouverte à tout venant, et que l'on aborde sans carte et sans permission!

Des générations de bons bouquinistes ont passé là et je les connais pour la plupart; ils veulent bien me reconnaître encore et me disent « bonjour » au passage. Mes yeux ne sont plus si frais, ni mes jambes si fermes pour les longs stationnements. Mais, je happe encore quelque bribe; et puis, muser autour des livres est toujours un plaisir de Dieu. Les libraires « en boutique, » pour parler comme le bon M. Barbier, m'accueillent aussi. Mais que leurs prix sont donc inabordables! C'est pour m'instruire et pour me distraire que je franchis le seuil devenu redoutable. Et puis, ni Heredia, ni Sardou, ni Lemaitre ne m'accompagnent plus.

Il y a des années, ma main heureuse

a rencontré l'exemplaire d'*Athalie* que Racine a offert aux dames de Saint-Cyr pour que la pièce fût apprise par les pensionnaires de la maison royale. Il porte la croix fleurdelisée et couronnée et l'étiquette de la bibliothèque, n° 2310. J'ai sauvé, — et mon confrère, le comte d'Haussonville, a bien voulu publier avec moi, — le manuscrit des *Cahiers de Mademoiselle d'Aumale*, un des documents les plus précieux relatifs à l'histoire du grand siècle. De même, avec la collaboration de G. Vicaire, j'ai pu reconstituer par des recherches de bibliophile, dans les papiers et les comptes de la liquidation du fonds de commerce de Balzac, imprimeur et fondeur de caractères, le roman du romancier et de Mme de Berny. On n'ignore pas la découverte que j'ai faite jadis, dans la boîte à 0.50 c., du volume dépareillé de « Rollin » où Napoléon lisait, à Sainte-Hélène, l'histoire d'Annibal. Quelques notes sont écrites de sa main. Le volume avait été remis à l'Empereur en vertu d'un sénatus-consulte du Gouvernement provisoire, en 1815. La légitime possession est établie par la série des transmissions suivantes : L'Empereur, le duc de Reichstadt, Lœtitia Bonaparte, Caroline Bonaparte, le comte de Mosbourg, dont la riche bibliothèque laissa tomber le « dépareillé » sur le quai, comme chose négligeable. Quand, à force de patience, j'eus percé à jour le mystère de cette origine, j'ai reconnu ce que je devais au bouquiniste sauveur. Mais, tout de même, si le bibliophile n'y avait point passé, le précieux bouquin était perdu.

Près de l'*Athalie*, j'ai rangé l'*Andromède* de Corneille, édition originale où la distribution des rôles, pour la représentation par la troupe de Molière, est écrite de la main du directeur de la troupe, sans nul doute de Molière lui-même. Tous les noms sont là, ceux qui sont connus et ceux qui sont inconnus : la Béjart, la de Brie, Dufresne, Vauselle, Maisonneuve et aussi, sous le nom de Manon, la petite Armande, la future femme de Molière ; et le nom de Molière est répété deux fois !... Celui-là, je ne l'ai pas trouvé sur les quais !

J'ai recueilli (je ne sais plus où) un exemplaire des « Offices, » c'est-à-dire du Traité des Devoirs du Cicéron, interfolié et couvert de notes de la main du grand président Harlay ; et c'est en lisant ces minutieuses et émouvantes observations que j'ai compris comment ces grands hommes, ces grands humanistes, ces grands chrétiens se faisaient une conscience. J'ai trouvé une première rédaction manuscrite des *Maximes* de La Rochefoucauld prouvant que l'illustre gentilhomme avait, d'abord, conçu son livre sous forme de *Discours* : comparer ce texte à celui de la première édition, c'est une leçon de style qui apprend de quelle autorité sur soi-même est fait le génie.

Ces livres sont émouvants ; j'en ai quelques-uns de beaux : tel cet exemplaire des *Heures*, imprimé pour Anne d'Autriche, relié et signé par Ruette et où le jeune roi Louis XIV, dans une estampe de Mellan, offre sa couronne au Christ crucifié ; tel l'*Horace* du Cardinal de Richelieu, édition des Elzéviers, relié par Ruette et qui m'a été donné par Victorien Sardou ; tel ce *Traité de logique* que le Cardinal de Richelieu a donné à Bouthillier abbé de Rancé, son filleul, lequel Rancé l'a remis à la bibliothèque du couvent de la Trappe. Faut-il citer quelques modernes ? L'exemplaire des *Odes* de Victor Hugo que l'auteur a offert au secrétaire perpétuel de l'Académie française, M. Raynouard, et qui a donné lieu au fameux cri de Chateaubriand : « Enfant sublime ! » Le *Rouge et le Noir* de Stendhal offert, par lui, à son ami M. Mareste. L'exemplaire du *Candidat* adressé par Flaubert à George Sand, avec le cri de l'auteur froissé, le lendemain de la soirée célèbre où la pièce tomba : « *Est-il aussi idiot qu'on le dit, chère maître, votre vieux troubadour ?* — G. FLAUBERT. »

Et me voici en possesion, depuis quelques jours, de deux volumes aux armes de l'Université de Paris et du Collège des Grassins, portant sur le plat intérieur la signature : ANDRÉ CHÉNIER, OCTOBRE 1792. PARIS. Cet ouvrage contient la traduction, par un académicien bien ignoré, J. de Tourreil, des discours de Démosthène. Au moment où André Chénier a mis son nom sur le premier volume, il vivait, en pleine Terreur, traqué et allant de lieux en lieux, à Louveciennes, à Forges, à Rouen, au Havre, et revenant parfois à Paris ; c'est sans doute, en raison de ces déplacements nombreux, qu'il a précisé, sur l'exemplaire, la date de l'acquisition : *octobre 1792* et le lieu : *Paris*. Le recueil des *Philippiques* de Démosthène, c'est le monument classique de l'invective. Peut-être A. Chénier songeait-il, dès lors, à quelque morceau soit en prose, soit en vers contre les « bourreaux barbouilleurs de lois, » lui, qui, à la demande de Malesherbes, allait rédiger bientôt la fameuse « Lettre de Louis XVI ? » Quelques passages marqués au crayon rouge sur les marges du premier volume, se rapprochent évidemment, dans la pensée d'André Chénier, des évènements contemporains : p. 60. — « Les tribunaux peuplés d'hommes qui se précipitent dans la magistrature et *qui se font interprètes des lois sans les entendre.* » — p. 305... « Car, il ne se peut, non il ne se peut, *Messieurs, qu'un injuste, qu'un parjure, possède une puissance de longue durée,* » etc. Voici donc un moment, et quel moment ! de cette vie héroïque, un spasme des dernières heures qui vient jusqu'à nous... Récompense des longues patiences du bibliophile.

Pour finir, je ne me déroberai pas à une anecdote de bibliophilie sentimentale. Voici un charmant exemplaire des *Lettres* de Madame de Sévigné, dans une reliure de la plus parfaite élégance du milieu du XIXe siècle, frappé sur les plats de la lettre *M*. Et voici l'histoire : Ce livre porte l'*ex-dono* : « *Quand on aime, on se plaît à l'écrire.* » Il a appartenu à Mlle Mars, et on a relié précieusement, après la feuille de garde, une invitation à dîner chez l'illustre actrice. En effet, il a été donné à celle-ci par le célèbre bibliophile, marquis de Bruyères-Chalabre, au sujet duquel le baron Pichon raconte l'anecdote suivante : « Il devint amoureux de Mlle Mars et l'invita un jour à souper avec lui. Elle accepte. M. de Chalabre était dans l'enthousiasme : à la fin du souper, il tire de sa poche une somme assez forte en billets et la supplie d'accepter ; elle refuse en disant qu'elle était venue souper et qu'elle ne voulait rien recevoir de lui. L'enthousiasme de M. de Chalabre alla toujours croissant ; il lui donna, quelques jours après, une très belle maison de campagne à Sceaux, et lui laissa comme on sait toute sa fortune par testament. » Il est à croire que Mlle Mars n'était pas une correspondante très assidue, puisque Chalabre lui adresse les « Œuvres de Mme de Sévigné, » avec cet avis qui est un peu un reproche, un peu une prière : « Quand on aime, on se plaît à l'écrire ? »

Oui, ce sont de beaux livres, des curiosités de haulte graisse (comme dit Rabelais dont je vous montrerai, si vous le voulez, la devise manuscrite *Ferendum et sperandum* sur son « Hippocrate, » édition de Lyon 1532). Cinquante-trois ans de persévérance ont pu en réunir quelques autres.

AIS, est-ce cela ma bibliothèque ? Non. Je regarde ces beaux livres, je les aime, je les choie ; mais *je lis* les autres, et je finirai jamais de les lire, car, ils sont 40.000, plus ou moins. Que je suis loin encore d'avoir réuni, comme quantité et surtout comme qualité, une de ces collections dont je parlais tout à l'heure ! Et, combien de mes rangées ont, hélas ! été détruites dans ma maison du Chemin des Dames ! Les pertes se comptent par milliers. Combien de livres sont restés blessés par des éclats d'obus, combien sont perdus, combien dépareillés ! Tristes reliques ! Chaque fois que je repasse devant la place des absents, je ferme les yeux.

Je me suis remis à la tâche autour de ceux de mes livres qui étaient restés à Paris et de ceux qui ont été sauvés ; et peu à peu la bibliothèque a repris âme et vie : elle me parle, elle m'encourage, elle me sourit. Les grands travaux qui me restent à finir, — et qui occuperaient encore un siècle de vie, — sont là, enclos dans les livres comme la statue attend la main du sculpteur dans le bloc de marbre. Je vois, sur les rayons, toutes les histoires que j'ai étudiées, que j'ai préparées, que j'ai rêvées. Je ne les écrirai pas. La nuit vient. Elle tombe sur la bibliothèque comme elle tombe sur le jardin. A tout, il n'est qu'accoutumance; et j'attends Celle qui souffle sur les roses et qui ferme les livres. La plus poignante des émotions qui viennent d'une bibliothèque et la leçon définitive, selon l'ex-libris de mon vieil ami de Montaiglon, *De jour en jour en apprenant mourant*, c'est la mélancolie des séparations.

C.M.

ACHEVÉ D'IMPRIMER
LE 30 SEPTEMBRE 1924,
PAR G. BOUTITIE ET C°,
A PARIS.

—

COLORIS DE BERTHELOT

www.ingramcontent.com/pod-product-compliance
Ingram Content Group UK Ltd.
Pitfield, Milton Keynes, MK11 3LW, UK
UKHW022058170726
13837UKWH00003B/1002

9 782329 176291